RECORDANDO
A MIS AMORES

PEDRO JOSÉ CUEVAS

EDITORIAL
MANUSCRITOS

PRIMERA EDICIÓN, enero de 2026
ISBN-13: 978-84-129343-8-0
© de los poemas: Pedro José Cuevas
© de esta edición, Editorial Manuscritos
Bitland Ediciones S.L.
C/ Cubillo 4, 1
Villalba de la Sierra - Cuenca
info@editorialmanuscritos.com
www.editorialmanuscritos.com
Depósito legal: M-1865-2026

RECORDANDO
A MIS AMORES

ÍNDICE

"Si se recuerda, no se olvida
y, si hubo amor, siempre se recuerda".

[1]

Mujer espero paciente
tu llegada como vida
en cada noche sin sueño
de mi angustia intranquila.
No sé ni cuál es tu nombre
ni si vistes muselina,
oigo solo la inocente
canción de amor que suspiras
entre mi amargo lloro
de lacónica sonrisa.

No conozco ni tu carne
ni en tus besos la caricia,
si tu cabellera es larga,
negra, oronda o lisa,
ni sé el color de tu piel
ni el hondo de tu pupila,
pero en mis noches te veo
y sé que solo eres mía.

Tu imagen al contacto
del fragante aire de lila
macilenta mis insomnios
en brutal lucha vencida;
mi corazón amapola
lanza al viento una elegía,
de pena derraman lluvia
en abobras amarillas
entre suspiros de duelo
mis entornadas pupilas.

No conozco ni tu carne
ni en tus besos la caricia,
si tu cabellera es larga,
negra, oronda o lisa,
ni sé el color de tu piel
ni el hondo de tu pupila,
pero en mis noches te veo
y sé que solo eres mía.

Sufro en mis labios los tuyos
y una demente brisa
inocua abrasa mi sien
esperando la perdida
ocasión de tu llegada,
mientras, renuncia aturdida
mi vida a las demás
consumiendo mi agonía.

Revivo entre locuras,
siento una grata delicia
al penetrar por mi cuerpo
el temblor que tú respiras
meciendo nuestro amor
en el brote de una espiga.

No conozco ni tu carne
ni en tus besos la caricia,
si tu cabellera es larga,
negra, oronda o lisa,
ni sé el color de tu piel
ni el hondo de tu pupila,
pero en mis noches te veo
y sé que solo eres mía.

Ven pronto, ven a mi lado,
ven dulcemente a mi cita;
todo lo que me ordenes
lo haré como sibarita
cuyo gran placer lo encuentra
en amarte noche y día.

Dime esta noche en mis sueños,
en nuestra intimidad,
si eres viciosa o casta,
si soberana o mendiga,
si inconmovible o doliente,
si piadosa o maligna,
si verdor, sazón u ocaso;
rózame con tu mejilla,
dame tu ardiente boca...

¿Por qué senderos caminas?

No conozco ni tu carne
ni en tus besos la caricia,
si tu cabellera es larga,
negra, oronda o lisa,
ni sé el color de tu piel
ni el hondo de tu pupila,
pero en mis noches te veo
y sé que solo eres mía.

¡Ay! ¿Cuándo has de llegar?
¡Ay mi espera dolorida!

[2]

Fue tu pregunta: "¿El amor existe?"
Rodó en el paisaje el sonido
de un choque en el río de duda aturdido,
reflejo de mi color yerto y triste.

Vagabundo incansable me hiciste.
Pregunté al agua, al viento, al nido...
En todo, un ocre eco dolorido.
–Con tu pregunta algo en mí heriste–.

Buscando en la soledad, tu ausencia
convirtió al misterio en licenciado.
Si no supe, ahora pido clemencia

para ir donde estés, y a tu lado,
tus ojos en los míos, sin indigencia,
te dirán: "Soy del amor su enviado".

[3]
Entre estrellas de tristes reflejos
la albeada luna sigue brillando.
Acá abajo, lentamente, cuando
reverberancias de opacos cabellos
a la distancia alejan sin mando,

solo, sordo, confundido, callado,
de las mil negras tinieblas cansado,
herido de muerte por su cruel pena
–que se disfraza de sombra morena–
sobre el liento suelo cae destrozado.

En la noche honda tiembla la rama
blanqueada por la nieve de enero.
La voz del hombre, agotado drama,
surge en la oscuridad como flama:
"Mujer, aunque tú me matas, te quiero."

[4]

En esta tarde de claros reflejos
que el aire levanta en el agua
del suave río oculto en espejos
concebidos en transparente fragua.

Ahora que el brioso sol tras la colina,
de agónica palidez de tesoro
-crepúsculo rojo-azul purpurina-
lento oculta su rostro de oro,

el corto tiempo que resta de tarde,
la álgida Muerte me da de Vida,
para en este instante en el que arde
en mi corazón la palabra huida

te diga que: "Si tu pena algún día,
a un paraje triste y alejado
tus pasos guía, donde sin compañía
mora un dócil ciprés encastillado,

¡detente! Allí está mi sepultura.
Escucha como con voz silenciosa
el viento relata mi desventura
con cincel de lluvia sobre la losa.
Lo que quise decirte de hinojos.
Lo que ha sido en mi garganta nudo.
Lo que ocultaron tímidos mis ojos.
Lo que el temor al rechazo hizo mudo.

"El amor por ti, mi siempre amada,
me dio la vida, y a tu desprecio,
mató el miedo al hombre, no su llamada;
de ese amor, su cuerpo fue el precio".

[5]

Mi amor no es suspiros y encantos,
tampoco el pájaro con sus cantos
alegres desde la copa del árbol;
ni el roce suave del viento en el agua
haciendo sonar música apagada;
ni la melancolía al ver
alejarse a la tórtola
por esos pardos campos
iluminados por la alborada.
Mi amor es... lo que siento, algo raro
cada vez que tú me miras, me hablas,
me sonríes con tus labios de ababa,
se roza mi mejilla en tu guedeja,
al apretar tu roja
boca abrasadora,
cuando nos cubre la fresca maleza...
Mi amor es... eso que sé lo que es
y no sé explicarlo.

[6]

Hoy allí la he visto por vez primera,
en este parque al que en la noche he vuelto
entre la urdimbre de la primavera,

iluminado por el rayo esbelto
que la luna de imagen delicada
desliza en un arroyo de álveo suelto.

Todo ahora es más bello, como balada
que melódica por el firmamento
cantara la suave voz de algún hada.

Hay un tris que causa un soplo lento
al son de mis pasos en la arena.
Es en las ramas un beso del viento.

Esperando su espera serena,
no están ya en los granados bancos
los ancianos de resignada pena;

ni esos niños sucios de verdes-blancos
jugando a jugar juegos escarpados
por la estatua de extremos mancos.

Desenredaba los hilos dorados
que en mil formas el sol cruza en la fuente
de cien somnolientos sueños soñados

cuando entre el agua te vi sonriente;
tu alegría, tu penetrante sonrisa
me ha vuelto en la noche penitente.

Una hoja desprendida por la brisa
he recogido, por si fuera aquella
que en tus manos se posó sumisa.

Con todo mi entusiasmo en ella,
en el seno de mi pecho va estiba
dejando en mi corazón tu huella.

Entre los verdes setos, sin diatriba,
en mi rara obsesión de amor ciego,
tu cuerpo he soñado que a mi lado iba.

Han vuelto los ancianos; con su juego
los niños; la fuente asperja a mi vera
y yo te espero con todo mi fuego.

[7]

A tu rostro adorna una febril llama.
Es tu tácita intangible mirada.
Deja ilapso quien trémulo a ella clama.
De ese fuego dos ojos son morada,
tú de ellos eres su ñusta, su ama.
De sangre y oro tu pupila es graneada.
Basilisco dirían soñeros bardos,
si por dicha vieran tus ojos pardos.

[8]

Llegué a amarte con tal intensidad
que más que mío mi corazón fue tuyo,
y con él la triste veracidad
de saber que para ti solo es yuyo.

Tu corazón ha encontrado su amo.
De mí os burláis, tú y aquel que fue mi amigo.
Solamente lo que es mío te reclamo,
no lo retengas en vano contigo.

¿No ves que sin él mi muerte es cierta?
Aunque haya perdido su destello
devuélvelo a su morada desierta.
¿O acaso... algo más temes dar con ello?

[9]

Con veleidad he muerto muchas noches
y vivía aún en muchos amaneceres,
exánime al igual que tantos seres
ideados en estériles derroches.

Descalzo he caminado apacible
por prófugos senderos del mutismo
para encontrar en el oculto abismo
tu amor, candoroso e indefectible.

Sin saber dónde está aquí, ni siquiera
dónde está allá; de lado a lado,
aquí, allá, en todo he buscado
desesperadamente mi quimera.

Del viento acerbo en su aliento más puro,
del salpicar del agua en su primicia,
del sol diario hastiado por su caricia,
mi rostro está ajado, cruel y duro.

Llevo en mi cuerpo dolorosa herida,
solo unos labios en desafíos
pueden sanarla al apretar los míos
y en mi cuerpo hacer renacer la vida.

[10]

Caído sobre mi lecho
sufro mi dolor. Mi enfermedad
es la herida del pecho
que ella abrió sin piedad,
mujer a la que amo en mi soledad.

[11]

La noche amaba tu risa
y celos sentía la luna
al ver tu mano en la mía
y mi mejilla en la tuya.
Palabras de amor y luego
lo que yo sentí fue fuego.

En una de esas noches
la luna te vio de nuevo
como entregabas a otro hombre
tu cuerpo, tu amor, tus besos.
¿Fue amor o fue locura
cuando quise creerte pura?

[12]

Yo te cogí la mano,
tú miraste hacia abajo;
y aunque tú no lo sabías
ni yo lo supe nunca,
fue el instante en mi vida
más lleno de ternura.

Tú, yo y nuestro idilio
aprendieron el trino
de la inmensa alegría.
Y besarte no supe,
y en mi aturdida dicha,
quise... quise y no pude.

Nuestro mirar sonriente
me pareció un éter,
y tu cabello suelto,
tu cuerpo delicado,
lo sentí tan adentro
que no puedo olvidarlo.

[13]

Fue un dilema sobrehumano
que apagó tu amorosa llama.
Balbuceé: "La Patria me reclama,
también tu corazón." Su ágil mano
firme me tienden como hermano.

Tú, me la negaste inexorable.
Si muero en la lucha, que es probable,
y tu llama del rencor despierta,
coge mi serena mano yerta,
–la que no esté empuñando el sable–
sentirás mi amor de guerrero
correr por la sangre en la que duermo.

[14]

Jamás nadie ha alimentado la llama
que despiadada arde en mi regazo,
ni aún siquiera tú, Gélida Dama,
que a los hombres entregas tu abrazo.
Veleidad fue mostrarte tan ufano
esa indeleble marca: mi mano.

Necesito amor y amar tan fuerte,
que mi apego a la muerte indefectible,
se vuelva en ti, mujer, tan posible,
que seas el epígrafe de mi suerte.

Mas sé, que si el amor llega,
de tu guadaña Muerte,
será el tiempo de la siega.

[15]

Muere la flor joven y aún bonita,
de hermosura y frágil ligereza.
Mis ojos, al quedarse sin belleza
no se quejan viéndola ya marchita.

Muere el pájaro que alegre cantaba
adormeciendo en el dolor mi llanto.
Mis oídos, sordos sin su dulce canto
no se quejan por lo que consolaba.

Muere la lluvia suave esplendorosa,
susurro de frases en el camino.
Mis pies, sin su agradable frote fino
no se quejan, su marcha es silenciosa.

Muere la hoja que cae del árbol seco
en suave vuelo redondo de perla.
Mis manos, ineptas al recogerla
no se quejan desoladas en su hueco.

Muere el viento entre la blanca espuma
que el agua del mar al mar despeña.
Mi boca, de turbia impureza dueña
no se queja silente en la bruma.

Muere el cielo azul sobre la alfombra
roja teñida por abierta herida.
Mi pecho, carente sin él de vida
no se queja errante entre la sombra.

Muere el hombre, que al fin es hombre,
su antes carne, ceniza, polvo, tierra...
sobre él se obtura en ganada guerra
sin saber de su edad ni de su nombre.

Y tú, que vives hermosa y alabada:
la flor, el pájaro, la lluvia, la hoja,
el viento, el cielo, mi carne roja;
todo se queja, no se calla nada

que en mi triste afligida suerte:
mis ojos, mis oídos, mis pies, mis manos,
mi boca, mi pecho, sean deseos vanos
de un sentido perecer inerte.

Y gritan los púlpitos del vacío,
que por un amor falaz entre tantos
que no son causa ni de leves llantos,
citen, muerte y cuerpo, mi desafío.

[16]

Busco entre flores, entre rayos de sol,
entre hojas, entre copos de nieve.
Mis ojos otean entre lo más leve
para mi corazón, luz de esperanza.

Te encuentran los que caminan junto a mí;
y yo que sigo tus huellas tranquilas,
que siento tu murmullo entre las lilas,
no te hallo amor, ni a la noche ni al alba.

[17]

Vehemente en un acto sin rito
mis labios, aún de amor inseguros,
atraídos por razón de embeleso,
se unirán en un instante infinito.

Al choque de dos corazones puros
tímido nacerá, mi primer beso.

[18]

Con sangre escribí tu nombre,
lo borré con el olvido;
entre el llanto de las voces

trémulas en el mutismo,
indecibles en el tiempo
de nuestro amor aturdido

sin caricias y sin besos,
epílogo de mi lloro
que cayó muerto en el eco

del epígrafe del gozo;
de la húmeda hierba verde,
de tu inquieto anhelo rojo.

Que si yo fuera indemne,
ninguno de mis amores
se alejaría sin beberme.

[19]

Me dices y yo te digo:
"Solo con sentir no basta,
ni siquiera con sufrir;
ni sobre la carne blanca
aturdida en su dolor,
notar la cálida llama
penetrar indefectible
desde el rojo de la brasa
–sangre del negro carbón–
ni reír con voces claras,
ni llorar sobre el labelo,
ni sentirse enamorada;
ni siquiera eso mujer."
Mas, si de mi amor se trata
–ahora pregunta mi anhelo:–
¿Basta solo con amar,
o es insuficiente acaso
todo cuanto te pueda dar?

[20]

Afirman que estoy loco
porque hablo con el alba,
porque río ante la muerte,
porque juego en la mirada.

Y ellos lo que no saben
es que un día... hace algún tiempo,
sentí en mi corazón
algo como un destello.

Con tanta pasión amé
que el amor en mi mente
se convirtió en un rito
fuertemente indeleble.

Mis ojos te lo dijeron
que te quería en mis horas,
no hicieron falta palabras
que salieran de mi boca.

Pero no viste mi pena,
ni tus labios me citaron;
fueron tus ingratitudes
las que oyeron mi recado.
Mortal veneno en mis venas,
ruido agudo en mi cerebro,
oscuridad entre luces,
gritos rotos en mis rezos...

Es tan poca la distancia
del amor a la locura
como del llanto a la risa
que no existe ninguna.

[21]

Mis oídos que escuchan
tu frágil lloro
saben que solo es una
tu pena, solo.

Más que los tuyos de día,
entre tinieblas,
mis infalibles ojos
ven tu tristeza.

La ardorosa simiente
más que en el suyo,
mi corazón la siente
roer en el tuyo.

Y escucho y veo y siento
en tus suspiros,
un dulce sentimiento
de azul idilio

que sopla en mi dolor
con triste calma
para reanimar aún más
mi blanca brasa,

que ve cómo tu cuerpo
enamorado,
por absurdos prejuicios
es derrotado.

[22]

Dulcemente tu murmullo
habla al oído del amor.
Pregunta si mi dolor
es más fuerte que tu orgullo.

Y tu soledad me ama;
y al ver tus suaves ojos,
los míos se vuelven manojos
de amor que se derrama.

Quiero que una mirada
avale tu añil sentir,
que allá donde puedas ir
sientas siempre mi llamada.

[23]

Como el sol entre la nube
tímida en su corta andanza,
presiento que por mí sube
precavida la esperanza.

Va en busca de la fuente
que nace en mi cuerpo ñoño,
para regar la simiente
que en él planté en el otoño.

"No busques, que es mi amor
quien le da el color que sale;
tiñe de pena su clamor,
cuida de que no te cale,

pues aunque sea inodoro
su salpicar no se cura,
que en el agua va mi lloro
que va arrastrando amargura".

[24]

Cuando al pájaro subido
sobre lo jalde del nido
lo veo mirando al sendo
camino en sombra escondido;
pienso que te está viendo.

Cuando en el azul nuboso
con agilidad, gracioso
vuela en el viento sin mando,
me siento entonces celoso
por si lo estás mirando.

Cuando escucho su trino
delicadamente fino,
emulador también canto
por si en el funesto sino
te apiadas de mi llanto.

[25]

No son mis ojos violeta
porque las lágrimas
destiñeron su azul,
sino porque la tarde
trae perfume de flores.

No son mis versos palabras
de pasión y anhelo,
sino sentimientos puros
que te hablan del amor.

Y si no lloras por mí,
y si yo escribo por ti,
¿por qué pena he de sufrir?
¿A qué flor he de escribir
mientras sigamos así?

[26]

¿Dónde suenan las palabras?
¿Qué embelecos ufanos
desmoronan tu baluarte?
¿De tu cuerpo por qué parte
corren ansiosas las manos?
Solo yo supe amarte
y mis deseos fueron vanos.
Solo yo, tú... ¿por qué parte?

[27]

Muchas veces me han hablado de ti
y yo he ocultado conocerte;
pero algo me dice dentro de mí
que tus ojos tienen color de suerte,
y han de marcar mi ignorado destino
su anhelante mirar, fijo y genuino.

[28]

Cuando miras hacia el cielo,
tus ojos le dan color
y el sol se lo da a tu pelo.

Cuando me miras dichosa,
los pájaros y las nubes
se hacen pétalos de rosa.

Y cuando lloras, tus lágrimas,
forman las olas de la mar
y los versos de mis rimas.

Si cansados de dar vida
se cierran, reina la noche;
mas, mi sueño no te olvida.

Y ya abiertos o cerrados,
tus lindos ojos azules
siempre serán por mí amados.

[29]

Mis amores siempre son
fugaces y sin fruto;
vienen, están y se van
como un leve susurro
llevándose algo de mí,
yo, nada de ninguno.

Y de lo que pudo ser
y lo que fue cada uno,
tal vez algún recuerdo,
ni indolente ni absurdo.

Entre amor y amor,
entre descanso y rumbo,
febril te espero a ti
y de la mano juntos
hablando y soñando
mi amor y el tuyo,
lo genérico de ellos
en un rincón del mundo
se lo den en sus besos
—más brillantes que oscuros—.

Solo puedo ofrecerte
mis labios sin escudo
y unas pocas lágrimas
sin calor y sin jugo;

mas, será suficiente
hasta el momento justo
que te alejes dejándome
sin mi último recurso.

[30]

Cuando me miras, mis ojos
se inclinan humillados.
Viendo tus labios rosados
mi indigencia es enojos
y mis palabras cerrojos.
Cuando triste y abatido
del corazón el latido
me dice que no estás cerca
y mi obstinación terca
lo que por ti he sufrido.

[31]

Dormida sigue mi vida.
Sueña inerte, tan a fuscas,
tu cálida piel canela,
que yace casi batida
sin saber que tú la buscas
sin temor y sin cautela.
Y entre violetas anda
buscando tu carne blanda.

[32]

¿En qué lugar de mi cuerpo
tiene su nido el amor?
¿Tal vez en el pensamiento?

¿Acaso en el corazón,
donde se arrulla indeciso
con palpitar delator,

dónde va mi sangre impura
a alimentarse de vida
tomando roja frescura?

Recorre todo mi cuerpo,
a todas partes me llega
por diminutos senderos.

Ansiosa por cada herida
brota excitada a la a luz
como una alegre sonrisa.

El fuego que en ella arde
se alimenta con la llama
de tu mirada azabache.

—Todavía no he probado
ese vino de tus labios
y ya me siento borracho—.

¿En qué lugar de mi cuerpo
habitará ese amor
que trae el eco de tus besos?

[33]

No quiero mirar al cielo,
ni a la luz sus azares,
ni al fondo de los mares,
ni a la tiniebla su velo.

Ni oír del viento el llanto,
ni de la pasión su empeño,
ni del silencio su sueño,
ni del hastío el espanto.

No quiero ver ni oír nada;
aislado quiero pensar
y en la noche soñar
con el amor de mi amada.

[34]

Te pregunto a ti, azucena,
te pregunto a ti, violeta,
y al silente,
si acaso es mi triste pena
quien labra la honda grieta
de la fuente.

Te pregunto a ti, viento,
te pregunto a ti, retiro
y al vacío,
si quizá es mi pensamiento
quien lleva la hoja que miro
ir en el río.

Te pregunto a ti, jilguero.
Te pregunto a ti, abubilla
y al soñar,
si es mi destino fiero
quien dice la voz sencilla
que va al mar.

Dentro de un mar rabioso
son las pasiones calladas
quienes moran.
En él me hundo perezoso
entre olas delicadas
que se alboran.

Tú me dices: ¿Qué es el agua,
que sin pesar, por la vega
pasa altiva?
¿Qué es el dolor, que fragua
su hervor en el agua y llega
cual misiva?

"Tú eres el agua, que un poco,
te vas mezclando conmigo,
el dolor;
si tus sentimientos toco,
al fin que nazca consigo,
nuestro amor".

[35]

Cuando la gente nos mira al pasar,
cuando escuchan nuestra risa clara,

cuando sus bocas hablan de nosotros,
cuando disfrutan nuestro manso gozo,

cuando oyen su recuerdo en nuestro paso,
cuando sienten el sentimiento abafo;

no saben que en nuestros ojos dolientes
no brilla el fuego que ellos encienden;

ni a que saben tus besos,
ni que anhela mi pecho,

ni mis sufrimientos,
ni tus sentimientos,

ni mi tristeza,
ni tu pureza.

Si supiera lo tuyo
me sentiría seguro;

si supieras lo mío
te ardería tu frío.

[36]

¿Qué sienten por mí tus grandes ojos de esperanza?
¿Qué quieren decirme tus palabras de templanza?
¿Qué desean darme tus manos con tanta acechanza?
¿Qué me indican tus pies en tu noctámbula danza?

Unidos vamos en la noche sin luz alguna,
uno frente al otro, melosamente la luna,
se refleja destrenzada en todas, una a una,
tristes gotas de agua de la oscura laguna.

Apoyada la espalda en una musgosa roca,
cuando llegue y choque la pasión, que siempre choca,
dirás lo que ocultas medrosa, y será poca
la verdad que callar pueda, si puede, tu boca.

[37]

Si te dijera que la muda rosa
tiene lengua de fuego,
no me creerías.

Que la fina lluvia
cae de más allá de las nubes,
tampoco me creerías.

Cuando te digo que eres para mí
algo más que una mujer,
tampoco me crees.

Ve y pregúntale a la rosa
de donde cae el agua que la vivifica.

→

[38]

Afronto el miedo con el valor,
el recuerdo con el olvido,
la tristeza con la alegría
y la muerte con la vida;
pero el amor, aún desatendido,
solo puedo afrontarlo con amor.

[39]

Mis ocres palabras las leerá el mundo,
mi libre sentir lo sabrá la gente,
y más puro que impuro
contarán mi amor como indolente.
Cuando pausado y lento
llegue el sonido limpio
de un olor alcrebite de muerte,
ya no es tan seguro,
–igual que antes, como ahora y siempre–
que puedas comprenderme.
Si ves que el río no sigue su curso,
que la hierba ya no es verde,
que la flor viste luto;
dedícame entonces tu recuerdo,
y esa albeada luna
me dirá con su suave hermosura
que tú también me quieres.

[40]

Lloré en la sombra de una escalera
por no haber visto tus ojos de frente
aquel día; porque era la vez primera
que no me miraste, y aún consciente,
sobre un escalón, con voz lastimera,
juré en un largo suspiro ardiente,
que nunca más lloraría por saber
el desprecio a mi amor, de una mujer.

[41]

No tiene color mi pena,
ni trasparente ni opaca
ni es igual que la vuestra.

El alma de sentimiento,
la figura de mujer,
forman su amargo cuerpo.

No hay color para mi pena
como tampoco hay remedio,
que no es blanca ni es negra.

No hagáis con el pensamiento
para mi pena un color,
que os lo borrará el tiempo.

... que eran los ojos azules,
que era marrón el pelo
y las palabras tan dulces...

[42]

¿Por qué no dejaste que te besara,
que rodeara mi brazo tu cintura,
que viera a tu lado nacer el alba,
que te llevase a sitios en que vago,
que te consolase en tu tristeza?
¿Por qué no me dejaste ni siquiera
mirar mis ojos en tus ojos pardos?

[43]

Si tu mirada es sincera
y mis ojos son azules,
formaremos entre tules
el sol de la primavera.

Tus palabras en mis oídos
son de tus labios delicias,
en mi semblante caricias
de calmosos besos huidos.

Yo voy entre mis amores
como un lirio entre las rosas,
sus formas son muy hermosas
y sus espinas dolores.

Y mis suspiros hundidos
no creas que son de amar,
es que de tanto soñar
tengo los ojos dormidos.

[44]

No hay pequeño dolor
sin un poco de amor.

Al morir con el viento
miraste mi más lento
soñado azul aliento.

¡Con tanto fervor!

No hay pequeño dolor
sin un poco de amor.

[45]

El mundo me enseña
pero yo no aprendo.
Fui a por valor
y volví con miedo;
busqué siempre la paz,
ahora soy guerrero;
miré osado la luz,
de tanta estoy ciego;
quise ser amado,
del odio fui empeño.
El mundo me enseña
pero yo no aprendo.
La flor más hermosa
que vi en el almendro,
que vi en el naranjo,
que vi en el abeto,
al querer cogerla
con mis torpes dedos
se volvió tristeza
dentro de mi pecho.
El mundo me enseña
pero yo no aprendo.

Hoy en la ausencia,
aún en el recuerdo;
siento acercarse algo
que vagaba lejos.

Un amor estéril,
ruin y cicatero
quiere renacer
del pasado tiempo.
El mundo me enseña
pero yo no aprendo.

[46]

Un día, cuando pasaste a mi lado,
al volver la cabeza
tras de tu cuerpo el paso,
mis ojos de ocio laso
se vieron en los tuyos y atrapado
quedé en un eco raso.

Se sonrojaron tus rojas mejillas
para ser más hermosas,
pero volviste tu tez,
mas, ante la escasez,
tus ojos me buscaron a hurtadillas
para apartarse otra vez.

Así, aquel recordado momento
en que ambos nos miramos
al borde de la abscisa
de una feliz sonrisa,
fue el más deseado que real nacimiento
de un amor sin prisa.

El amor es viento que viene y va.
Al pasar junto a mí,
trae tu recuerdo pálido;
al irse, deja olvido,
y entremezclado en su roce me da
un beso dolorido.

[47]

Era una paloma blanca la que vino
a posarse sobre la inocencia joven;
la joven, aún niña, se fue a jugar
con sus pies carmines por los verdes bosques.
En sus ojos añil, mil colores se veían.
Fue una paloma negra la que donde
dormía la niña vino a arrullarse;
la niña, no escuchó a los ruiseñores
aquella mañana sembrada de nubes
carcomida de lloro, roída de cobre.
Se fue entre graznidos la negra paloma
por la ancha sombra de sus alas enormes
—que más que paloma negra era cuervo—.
Dentro de una caja cubierta de flores,
a hombros, sin yo saberlo, se llevaron
a aquella cuyo nombre gravé en el roble.
En un hondo hoyo taparon con tierra
su vida, mis alegrías y sus dolores.
Cuando pienso en ella, su voz me dice:
"Tú que me amaste, mi marcha no llores,
no quise saber lo amargo de las penas,
era el tiempo de mis niñas ilusiones;
de imaginar, de soñar esperanzas.
Ahora, conozco del Edén sus rincones".
En una caja blanca se la llevaron;
era de pino, de haya, de alcornoque...

Se fue y desde entonces todos los días
son noches, son negros todos los colores.
Las macizas sonoras roídas campanas,
desde el abismo de sus altas torres
dejaron escapar su sollozo triste
de amargos suaves dilatados sones.
Unos sabían a templanza de la tarde,
otros, a afligido podrido bronce.
Pasará el tiempo y con él el recuerdo
pero no habrá jamás nada que borre
de mi pensamiento su triste mirada,
llena de esperanzas, llena de amores.

[48]

Tu mirada triste fue la culpable
de mi amargura.
De mi melancolía, tus ojos tristes
tuvieron la culpa.
Calló mi temor y no mi orgullo
la noble pregunta
al verte llorar al pie de la sombra.
¿Había amor en ello?
Aún tengo la duda.

Seguí solitario el largo camino
con mi voz de luna,
sin un recuerdo y sin una esperanza.
Pisé la vetusta
tierra de amores preñada de amor.
Descansé en la tumba
de lagos turbios de lágrimas rotas.
Las mías se vertieron
cerca de las tuyas.

En mi abandono, pregunto ahora
a mi infortuna:
"¿Aquella su tristeza, era por mí,
o porqué jamás
se sintió mi musa?

[49]

¿Qué tendrán tus dulces ojos, muchacha,
que siempre que los miro tienen sueño?
Parecen la ola de un mar sin dueño
que en su propia agua se emborracha.

¿Qué tendrán tus dulces ojos de racha,
que en los míos se vuelven blando ceño
en un débil soñar con fin risueño
de amor dormido sin mala facha?

Me miras, sonríes sin abrir los labios,
con ese embrujo que envuelve a tus ojos,
que por mucho, jamás notan su prisa.

Hermosos ojos con engaños sabios,
abiertos o cerrados, sin enojos,
cuanto miran lo duermen en su brisa.

Ojos de mimo y sisa
los de la muchacha de ojos de sueño,
que enamoran y duermen sin empeño.

[50]

La última vez que lloré... ¡recuerda!
Fue por no poder seguir mi destino.
Y no sé si todavía ello me pierda.

La última vez que lloré... ¡pregunta!
Fue por lo que ya no volveré a ver,
la vida separa lo que antes junta.

La última vez que lloré... ¡te lo digo!:
"Fue por ti, porque en la noche opaca
no era yo quien caminaba contigo".

Noche, noche, noche, noche que cuando
la evoco parece aún más noche.
...y no sé por qué, pero estoy llorando.

[51]

Allí donde el viento muere
es donde nacen las flores.

Tu suspiro fue el culpable.
Lo recogió el viento afable
y lo enterró imputable
en medio de sus dolores.

Allí donde el viento muere
es donde nacen las flores.

Y cada vez que respiro
un sorbo en mi retiro,
me llega de tu suspiro
sus más cálidos rumores.

Allí donde el viento muere
es donde nacen las flores.

Busqué la tumba del viento
con el solo pensamiento
de aliviar el tormento
de un suspiro de amores.

Allí donde el viento muere
es donde nacen las flores.

Inquietud todavía amaso
de si fue por mí acaso
el suspiro manso y raso
de tus austeros ardores.

Allí donde el viento muere
es donde nacen las flores.

Esta primera edición de
Recordando mis amores se
terminó de imprimir
en Madrid el día 30
de enero
del año
2026.